AF131491

LEKTÜRE HILFE

Der kleine Hobbit

J. R. R. Tolkien

Verfasst von Hadrien Seret
und Célia Ramain
Übersetzt von Helle Hannken-Illjes

DER QUERLESER

J. R. R. TOLKIEN 9

DER KLEINE HOBBIT 13

INHALTSANGABE 17

Smaug, der Drache
Eine unerwartete Reise
Gollum und sein Schatz
Der Einsame Berg

PERSONENANALYSE 27

Bilbo Beutlin
Thorin Eichenschild
Gandalf
Smaug
Gollum
Bard

INTERPRETATION 41

Handlungs- und Figurenkonstellation
Erzählschema
Ein Märchen
Die Reise
Der mythologische Einfluss

ZUM NACHDENKEN 53

DARÜBER HINAUS 57

J. R. R. TOLKIEN

ENGLISCHER SCHRIFTSTELLER

- **Geboren 1892 in Bloemfontein (Südafrika)**
- **Gestorben 1973 in Bournemouth (Großbritannien)**
- **Einige seiner Werke:**
  - *Der kleine Hobbit* (1937), Kinderbuch
  - *Der Herr der Ringe* (1954-1956), Fantasy-Trilogie
  - *Das Silmarillion* (1977), Sammlung unvollendeter Texte

J. R. R. Tolkien war ein englischer Schriftsteller und Universitätsprofessor. Auch wenn er vor allem für die Trilogie *Der Herr der Ringe* bekannt ist, ist er doch in erster Linie der Schöpfer eines sagenhaften Universums, das in vielen seiner verschiedenen Werke beschrieben wird, unter anderem in Gedichten wie *Die Abenteuer des Tom Bombadil und andere Gedichte aus dem Roten Buch* (1962), Märchen und Legenden wie *Nachrichten aus Mittelerde* (1980). Aus dieser imaginäre Welt, die über eigenen Sprachen,

Literatur und Mythologie verfügt, entsteht eine Sammlung vieler Geschichten voller archetypischen und detailliert beschriebenen Fabelwesen, die dem Fantasy-Genre alle Ehre erweisen.

DER KLEINE HOBBIT

DIE VORGESCHICHTE ZU *DER HERR DER RINGE*

- **Textgattung:** roman
- **Herangezogene Ausgabe:** Tolkien, J. R. R.: *Der kleine Hobbit*, Klett-Cotta, Stuttgart, 2012
- **Erstausgabe:** 1937
- **Themen:** Zauberei, Reise, Krieg, Verbündung, Verrat

Der kleine Hobbit ist J. R. R. Tolkiens erster Roman. Er wurde 1937 veröffentlicht und erhielt nur ein Jahr später von der *New York Herald Tribune* den Preis für das beste Kinderbuch.

Der Roman erzählt die Geschichte von Bilbo dem Hobbit, der eines Tages aus seinem ruhigen und gemütlichen Leben gerissen wird, als der Zauberer Gandalf ihn mit dreizehn Zwergen auf eine gefährliche Reise schickt. Das Ziel dieser seltsamen Gruppe ist der einsame Berg, unter dem sich ein riesiger Goldschatz befindet, der von dem Drachen Smaug bewacht wird. Doch an diesen Schatz gelangen sie nur mit Hilfe einer List und eines geheimnisvollen, magischen Ringes, den der Autor zum Mittelpunkt seiner Trilogie *Der Herr der Ringe* macht.

INHALTSANGABE

SMAUG, DER DRACHE

Einige hundert Jahre vor Bilbos Abenteuer lebte der Drache Smaug in den Grauen Bergen. Eines Tages erfuhr er, dass die Reichtümer der Zwerge unter einem der Berge versteckt waren. In seiner Habgier griff er die umliegenden Dörfer an, legte sie in Schutt und Asche, tötete unzählige Zwerge und zwang so die Überlebenden, von dort zu fliehen. Von da an beherrschte er den Einsamen Berg und bewachte seine wertvolle Beute über 200 Jahre lang. Doch das sollte sich ändern, als dreizehn Zwerge und ein Hobbit sich auf den Weg machen, den Berg zurückzuerobern.

EINE UNERWARTETE REISE

Bilbo Beutlin ist 25 Jahre alt und zeichnet sich wie viele andere Hobbits durch sein ruhiges Wesen aus. Er ist der Spross zweier sehr verschiedener Familien: auf der einen Seite die Beutlins, die für ihre unerschütterliche Ruhe und tiefe Abneigung gegenüber allen Überraschungen bekannt sind;

auf der anderen Seite die Tuks, die doch hin und wieder ein paar Abenteuer erlebten. Bilbo führt ein friedliches Leben, bis eines Tages der Zauberer Gandalf, der für allerlei gefährliche und faszinierende Geschichten bekannt ist, vor seiner Tür steht und ihn dazu bringt, sich in das größte Abenteuer seines Lebens zu stürzen. Zusammen mit den dreizehn Zwergen Fili, Kili, Dwalin, Balin, Nori, Dori, Ori, Oin, Gloin, Bifur, Bofur, Bombur und Thorin Eichenschild macht er sich auf die Reise zum Einsamen Berg, um die Schätze und das Königreich der Zwerge, die von dem Drachen Smaug bewacht werden, zurückzuerobern. Thorin, der Erbe dieses Königreichs und Anführer der Gruppe, besitzt einen Schlüssel zu einem Geheimgang in den Berg und eine geheimnisvolle Karte, mit deren Hilfe sie an ihr Ziel gelangen wollen. Doch zur Umsetzung ihres Vorhabens fehlt ihnen noch ein Meisterdieb, der ein Stück des Schatzes stehlen soll, ohne Smaugs Aufmerksamkeit auf sich zu ziehen. Auf Gandalfs Empfehlung hin wird Bilbo diese Aufgabe zuteilt, der tatsächlich ein Talent dafür zeigt, sich vollkommen lautlos fortzubewegen.

Mit Bilbo ist die Gruppe komplett und sie brechen gemeinsam auf. Doch auf dem Weg begegnen sie schon den ersten Gefahren. Als sie sich nachts im Wald verirren, folgen sie einem Lichtschein zwischen den Bäumen und werden von drei Trollen gefangen, die vorhaben, sie über dem Feuer zu braten und zu essen. Gandalf eilt ihnen zu Hilfe und überlistet die Trolle, indem er sie in einen Streit über die richtige Zubereitung der Zwerge verwickelt. Die Auseinandersetzung dauert bis zum Morgenanbruch und die ersten Sonnenstrahlen verwandeln die Trolle in Stein. Kurz darauf sind sie gezwungen, in einer Grotte Schutz zu suchen, um den Felsbrocken zu entgehen, die kämpfende Steinriesen umherwerfen. Nachts, als sie in der Grotte schlafen, werden sie von Goblins gefangen genommen und in ihre unterirdische Goblinstadt verschleppt. Nur Gandalf gelingt es, der Gefangennahme zu entgehen. Die anderen werden von den Goblins vor ihren König, einen besonders großen Goblin, geführt, der sie zum Tode verurteilt, als er sieht, dass Thorin in Besitz eines berüchtigten Schwertes ist, dass schon viele Goblins das Leben gekostet hat. Gandalf taucht wieder auf und ermöglicht Thorin und seinen Freunden die Flucht. Doch während der Verfolgungsjagd durch die riesige Höhle der Goblins stolpert Bilbo und stürzte in einen tiefen Abgrund.

GOLLUM UND SEIN SCHATZ

Als Bilbo orientierungslos durch die labyrinthischen Gänge der Goblinhöhle streift, findet er zufällig einen goldenen Ring. Er steckt ihn ein, ohne seinen wahren Wert zu kennen. Nur wenig später trifft er auf Gollum, ein düsteres, kleines Wesen, dass einwilligt, ihm den Ausgang aus der Höhle zu zeigen, wenn Bilbo es schafft, ihn in einem Rätselspiel zu schlagen. Sollte Bilbo das Spiel verlieren, wird Gollum ihn verspeisen. Der Hobbit gewinnt, doch Gollum weigert sich, sein Versprechen zu halten. Als er Bilbo angreift, stürzt dieser und der Ring fliegt aus seiner Tasche. Der Hobbit greift nach ihm und kann ihn gerade noch fangen. Der Ring rutscht auf seinen Finger und sobald er ihn berührt, wird Bilbo unsichtbar. Gollum rennt zum Ausgang, um den Hobbit dort abzufangen, doch Bilbo, der für Gollum nicht zu sehen ist, folgt ihm unbemerkt und entkommt aus der Höhle. Er schließt sich Gandalf und den Zwergen wieder an, verrät ihnen allerdings nichts über den Ring.

Die Goblins verfolgen mithilfe ihrer Warge (wolfähnliches Tier) die Spur der Gefährten und treiben sie an einem Felsvorsprung in die Enge. Die Zwerge, der Hobbit und der Zauberer klettern hoch in die Bäume, um der unmittelbaren Gefahr zu entgehen, und werden im letzten Moment von riesigen Adlern gerettet, die Gandalf zu Hilfe gerufen hat. Anschließend führt Gandalf die Gruppe zu Beorn, einem einsam lebenden Mann, der als der letzte seiner Art die Macht hat, sich in einen Bären zu verwandeln. Beorn warnt die Zwerge vor den Gefahren, die sie im Düsterwald, dem nächsten Abschnitt ihrer Reise zum Einsamen Berg, erwartet. Als sie am Waldrand ankommen, verlässt Gandalf die Zwerge, um anderen, dringenden Angelegenheiten nachzugehen. Die Zwerge, die über das Verschwinden des Zauberers verärgert sind, geraten im Wald von einer gefährlichen Situation in die andere. Zuerst werden sie von riesigen, hungrigen Spinnen beinahe verspeist, dann, nachdem sie nur um Haaresbreite entkommen sind, werden sie von den Waldelben gefangen genommen, weil sie mehrmals ihr nächtliches Fest im Wald gestört haben. Doch dank seines Einfallsreichtums und des magischen Rings gelingt es Bilbo, Thorin und seine Zwergengefolgschaft zu befreien.

DER EINSAME BERG

Nach all den Hindernissen erreichen sie endlich den Einsamen Berg, an dessen Fuß ein großer See und die Stadt Seestadt liegt. Mithilfe der Karte und des Schlüssels, die Thorin noch immer bei sich trägt, betreten Bilbo und die Zwerge den Berg durch eine Geheimtür und müssen sich so nicht direkt an dem Drachen Smaug vorbeischleichen. Nun ist Bilbo an der Reihe, seine Aufgabe zu erfüllen. Die Zwerge schicken ihn vor, um herauszufinden, ob der Drache, der seit langem nicht mehr gesehen wurde, tatsächlich noch am Leben ist. Bilbo, der unter dem Schutz des Rings auch für den Drachen unsichtbar ist, unterhält sich mit Smaug und stiehlt dabei einen kleinen Teil des Schatzes. In diesem Gespräch mit dem stolzen und hochmütigen Drachen entdeckt der Hobbit eine Schwachstelle in dessen Panzer, der sich aus all den Juwelen und Edelsteinen gebildet hat. Als Smaug bemerkt, dass er bestohlen worden war, fliegt er nach Seestadt, um sich an den Einwohnern, die er für den Diebstahl verantwortlich macht, zu rächen. Er brennt die ganze Stadt nieder, wird aber schließlich von Bard, einem Bewohner Seestadts und gutem Bogenschützen, der von der Schwachstelle in dem Panzer erfahren hat, zur Strecke gebracht.

Die Zwerge, die nun den Berg für sich haben, verstärken dessen Verteidigung und freuen sich über den legendären Schatz, der in den Hallen der ehemaligen Zwergenstadt zurückgeblieben ist. Thorin sucht allerdings vergeblich nach dem wertvollsten Edelstein des Schatzes, dem Arkenstein. Er weiß nicht, dass Bilbo, der weder den Wert noch die Bedeutung des Steins kennt, ihn an sich genommen hat.

Angesichts der vollständigen Zerstörung der Stadt und als Dank für das Erlegen des Drachen verlangt Bard von den Zwergen eine Entschädigung. Obwohl Bard sogar vom König der Waldelben begleitet wird, weigert sich Thorin, ihm einen Teil des Schatzes zum Wiederaufbau der Stadt zu überlassen. In der Hoffnung, einen Ausweg aus dieser Situation zu finden und die Zwerge dazu zu bewegen, ihre Schuld zu begleichen, schleicht sich Bilbo aus dem

Berg und übergibt Bard den Arkenstein. Doch Thorin ändert seine Meinung nicht, verbannt den Hobbit für diesen Verrat und bittet seinen Vetter Dain um Hilfe, um den Berg unter der Kontrolle der Zwerge halten zu können. Als der Streit zwischen Zwergen, Elben und Menschen sich zuspitzt und ein Krieg droht, erreicht auch Gandalf den Einsamen Berg und berichtet allen von einer sich nähernden Armee der Goblins und Warge, die einen Überraschungsangriff planen. Zwerge, Menschen und Elben verbünden sich und kämpfen Seite an Seite, um den Feind zurückzudrängen. Diese Schlacht geht später als „Die Schlacht der Fünf Heere" in die Geschichte ein. Thorin kommt in diesem Kampf ums Leben, doch bevor er stirbt, entschuldigt er sich bei Bilbo für sein Verhalten und die Verbannung. Als aller Aufruhr sich gelegt hat, kehrt Bilbo, der für seine Dienste reich belohnt wurde, nach Hause zurück und genießt dort seine wohlverdiente Ruhe.

PERSONENANALYSE

BILBO BEUTLIN

Bilbo Beutlin ist die Hauptfigur aus Tolkiens Roman. Der kleine Hobbit gehört väterlicherseits zu den Beutlins, die „sich nie auf irgendwelche Abenteuer einließen oder etwas Unerwartetes taten" (S. 36), und mütterlicherseits zu den Tuks, bei denen es hin und wieder vorkam, „dass ein Tuk fortging und in Abenteuer verwickelt wurde" (S. 37). Während Bilbo sich im Laufe des Romans den verschiedensten Gefahren stellt, lassen sich beide Charakterzüge bei ihm erkennen. Bis Gandalf die Gruppe am Rande des Düsterwalds verlässt, zeigt sich hauptsächlich die bequeme Seite der Beutlins, die jede Unannehmlichkeit meiden. Bilbo, der sich nur widerwillig den Zwergen angeschlossen hat, beklagt sich wiederholt über die beschwerliche Reise und vermisst sein tägliches, ausgiebiges Frühstück. Er hat nicht das Gefühl, tatsächlich von den Geschehnissen um ihn herum betroffen zu sein und auch die Rolle, die ihm persönlich zugeteilt wird, erscheint ihm unwirklich. Deshalb lässt er auch viele der Ereignisse, die sich auf der Reise zutragen, beinahe widerstandslos über sich ergehen (beispielsweise die Gefangennahme durch die Trolle oder die Goblins) und verlässt sich, ganz wie die Zwerge, darauf, dass Gandalf zu ihrer Rettung kommen wird.

Durch das Rätselduell mit Gollum und den magischen Ring gewinnt Bilbo immer mehr Selbstbewusstsein und lernt, seine Fähigkeiten einzuschätzen. Diese Entwicklung ist auch an dem wachsenden Respekt zu erkennen, mit dem Thorin und seine Gefolgschaft ihn behandeln. Bilbos Wandel vom Beutlin zum Tuk lässt ihn aus dem Schatten treten und Gandalfs Rolle als Retter einnehmen. Er lockt nicht nur die Riesenspinnen von den Zwergen weg, sondern befreit seine Begleiter später auch aus den Verliesen der Elben und verhilft ihnen zur Flucht. Indem er nach seiner ersten eigenen Heldentat seinem Schwert, das sie auf dem Weg gefunden haben, den Namen „Stich" gibt, erlaubt er nicht nur der Klinge, sondern auch sich selbst, aus der Anonymität hinauszutreten. Er legt seine Ängste und Zweifel ab und wird „ein ganz neuer Hobbit,

viel kühner und kampflustiger als der alte"
(S. 221).

Zum Ende des Romans hat Bilbo das Gleichgewicht
zwischen den beiden Charakterzügen seiner
Familie gefunden. Seine Position während der
Schlacht der Fünf Heere gibt ein perfektes Bild
von seiner neuen Persönlichkeit wieder: Er steht
an einer Stelle, an der er sich, ganz im Sinne der
Beutlins, bei jeder Gelegenheit aus dem Kampf
flüchten kann, ist aber gleichzeitig auch, wie
ein wahrer Tuk, genau dort, wo im Falle einer
drohenden Niederlage die letzte Verteidigung
stehen wird. Auch Gandalf bemerkt diese
Charakterveränderung und versichert dem
Hobbit, dass er nicht mehr der gleiche sei, wie
der, der er einmal war. Bilbo wird zu einem
weitaus reiferen und mutigeren Hobbit, der nach
Hause zurückkehrt, um sein friedliches Leben
weiterzuführen, das er zu Beginn des Abenteuers
so überstürzt verlassen musste.

THORIN EICHENSCHILD

Thorin ist der direkt Nachfahre des „Königs unter dem Berg", des Zwergenkönigs, der über das Königreich tief im Einsamen Berg herrschte. So wäre er nach seinem Vater der Thronfolger und Träger dieses Titels gewesen, hätte Smaug nicht das Reich angegriffen und die wenigen Überlebenden zur Fluch gezwungen. Trotz seines langen Exils kommt es für Thorin nicht in Frage, die Reichtümer des Palastes seiner Vorfahren dem Drachen zu überlassen und glaubt daran, dass der Tag kommen wird, an dem er sich zurückholt, was ihm rechtmäßig zusteht. Als er gemäß der Legende annimmt, dass die Zeit gekommen ist, trommelt er die Gruppe von Zwergen zusammen, der sich auch Bilbo und Gandalf anschließen. Thorin weiß, wie wichtig er als Thronerbe unter den Zwergen ist und zeigt sich daher auffallend stolz und hochmütig. Mit seiner herablassenden Art greift er vor allem Bilbo an und lässt keine Gelegenheit aus, die Fähigkeiten seines Meisterdiebs in Frage zu stellen, oder ihn als Last für die ganze Gruppe darzustellen. Dieses Verhalten dem Hobbit gegenüber lässt erst mit der Zeit nach, als Bilbo seinen Wert durch die wiederholte Rettung der Gruppe unter Beweis gestellt hat, verschwindet jedoch nie vollkommen. Für die Befreiung aus den Verliesen der Elben bedankt er sich bei Bilbo beispielsweise, indem er sich darüber beschwert, dass er sie in Weinfässern hinausgeschmuggelt hat. Seine Kritik und seine Überheblichkeit werden noch dadurch verstärkt, dass er sich zur Umsetzung seiner Ziele ausschließlich auf seinesgleichen verlässt, obwohl er selbst im Vergleich zu Gandalf und Bilbo nur wenig dazu beiträgt.

Seine weniger schmeichelhaften Eigenschaften wie Egoismus, Habgier und eine Neigung zur Undankbarkeit stellt er unter Beweis, als er Bard und den Bewohnern von Seestadt, die im Kampf gegen den Drachen alles verloren haben, jede Hilfe verweigert. Er geht sogar so weit, seinen Meisterdieb zu verstoßen, als er erfährt, dass dieser den Arkenstein an seine Feinde übergeben hat, ohne sich einzugestehen, dass er selbst für die Situation verantwortlich ist, in der er sich befindet. Während der Schlacht der Fünf Heere ergreift er allerdings die Möglichkeit, sein Fehlverhalten wieder gut zu machen, und führt einen entscheidenden Angriff gegen die Goblins und Warge an. Er wird schwer verletzt und als er im Sterben liegt, bittet er Bilbo um Verzeihung für sein Verhalten und hinterlässt so das Bild eines ehrbaren Charakters, der ihm niemals hatte Unrecht zufügen wollen.

GANDALF

Zu Beginn des Romans wird Gandalf als alter Mann dargestellt, der dafür bekannt ist, der Auslöser vieler abenteuerlicher Geschichten zu sein. Im Auenland, der Heimat der Hobbits, wird er darüber hinaus für seine phantastischen Feuerwerke bewundert, was auch Bilbo bei der ersten Begegnung mit Gandalf als erstes mit ihm assoziiert, als Gandalf vor seiner Tür steht. Doch als nach und nach die Zwerge eintreffen und ihre Pläne schmieden, zeigt sich, dass Gandalf weit mehr als ein beeindruckender Pyrotechniker ist. In den Besprechungen wird seine Autorität und seine große Bedeutung für den Plan deutlich. Er schlägt nicht nur Bilbo als Meisterdieb vor und berät die Zwerge bei ihren Entscheidungen und der Planung der Reiseroute, er übergibt Thorin auch die Karte und den Schlüssel, die es der

Gruppe ermöglichen, den geheimen Eingang zum Einsamen Berg zu benutzen. Während seinen vielen Reisen und Abenteuern hat Gandalf reichlich Erfahrung im Umgang mit Gefahren gesammelt und ein immenses Wissen über die Welt Mittelerde und seine Bewohner angehäuft, weshalb er stets von den Zwergen und dem Hobbit ausgefragt und um Rat gebeten wird. Doch ganz im Gegensatz zu Thorin scheut er sich nicht davor, seine Demut zu zeigen und andere um Hilfe zu bitten, wie als er mit den Zwergen in Beorns Haus Schutz sucht oder die Adler zu ihrer Rettung ruft.

Zu seiner Rolle als Anführer der Gruppe kommen natürlich auch seine magischen Fähigkeiten, mit denen er mehrmals anderen aus brenzlichen Situationen hilft, zum Beispiel als er die Trolle überlistet oder als er den Zwergen mit Hilfe eines Zauberspruchs die Flucht aus Höhle der Goblins ermöglicht. Es ist daher kaum verwunderlich, dass die Gefährten wiederholt allerdings vergeblich versuchen, ihn zum Bleiben zu bewegen, als Gandalf aufbrechen will, um sich dringenden Angelegenheiten zuzuwenden. Gandalf kehrt erst zum Ende der Geschichte zurück, um seine

Freunde vor der Ankunft der Goblins und Warge zu warnen.

SMAUG

Der gigantische Drache Smaug ist der größte Feind Thorins und seiner Gefolgschaft. Seine Grausamkeit, Habgier und die Faszination für Gold, die alle Drachen verspüren, brachte ihn vor vielen Jahren dazu, das Königreich des Einsamen Bergs zu zerstören und sich seiner sagenhaften Schätze zu bemächtigen. Seit der Eroberung der Zwergenstadt bleibt er in den Hallen des Bergs verborgen und wacht über seine Beute. -Aus diesem Grund tritt er auch erst so spät im Roman auf. Bevor die Gefährten den Berg erreichen und Bilbo als Kundschafter vorgeschickt wird, erscheint er nur indirekt in Beschreibungen und Erzählungen.

Neben seinem alles verzehrenden Flammenatem und seiner unfassbaren Kraft ist seine Hinterlistigkeit die größte Gefahr für die Gefährten. Als sie den Berg betreten, wittert der Drache die Zwerge sofort, lässt sich allerdings nichts anmerken und hofft, so die Eindringlinge in falscher Sicherheit zu wiegen. Als er sich mit

Bilbo unterhält, der durch den Ring vollkommen unsichtbar ist, antwortet er auf dessen Fragen, um ihn ausfindig zu machen und zu verbrennen. Da Smaug glaubt, niemand könne ihm Leid zufügen, geschweige denn ihn töten, besitzt er ein unerschütterliches Selbstvertrauen, was ihn allerdings ins Verderben führen wird. Aus übersteigertem Hochmut begeht er den Fehler, dem Hobbit die Schwachstelle in seinem Edelsteinpanzer zu zeigen. Nur durch dieses Wissen kann Bard, der Mann aus Seestadt, die Kreatur schließlich erlegen.

GOLLUM

Bilbos und Gollums Wege kreuzen sich, als der Hobbit auf der Flucht aus der Goblinhöhle in einen tiefen Spalt stürzt. Gollum lebt allein in der Nähe eines unterirdischen Sees und diese lichtlose Umgebung hat mit der Zeit auf ihn abgefärbt. Er wird als kleines, altes und schleimiges Wesen beschrieben, „dunkel wie die Dunkelheit, in der er lebte, abgesehen von den beiden großen runden und blassen Augen in seinem schmalen Gesicht" (S. 122). Woher er kommt, ist nicht bekannt, doch während der Begegnung zwischen

Bilbo und Gollum zeigt sich, dass die kleine, düstere Kreatur heimtückisch, grausam und eindeutig schizophren ist.

Als Gollum ihn das erste Mal wahrnimmt, stellt er sich bereits vor, Bilbo zu verspeisen. Da dieser sich natürlich nicht widerstandlos seinem Schicksal ergeben wird, spielen sie ein Rätselspiel. Sollte Bilbo gewinnen, zeigt Gollum ihm den Weg aus der Höhle, sollte er verlieren, endet der Hobbit als Gollums nächste Mahlzeit. So versuchen beide den jeweils anderen aus-zuspielen, doch letztendlich gelingt es Bilbo, die Hinterlistigkeit des kleinen Geschöpfs zu übertreffen und den Sieg davon zu tragen. Dank des magischen Rings, den er nach seinem Sturz gefunden und damit unwissentlich Gollum ge-stohlen hat, kann Bilbo entkommen, doch damit nimmt er dem Wesen den einzigen Gegenstand, der für ihn von Bedeutung war, und lässt ihn in seiner Einsamkeit und Verzweiflung zurück. Die Entwendung des Rings ist für Gollum, der besessen von dem kleinen Schmuckstück ist, ein tragischer Verlust. Als er bemerkt, dass und von wem er bestohlen worden war, beginnt er einen tiefen Hass gegen Bilbo zu entwickeln, der auch in *Der Herr der Ringe* von großer Bedeutung sein wird. „Schwach wie ein Echo, aber drohend, rief die Stimme ihm nach: ‚Dieb, Dieb, Dieb! Beutlin! Wir hassen ihn auf immerdar!'" (S. 139-140).

BARD

Bard ist der Nachfahre einer Herrscherfamilie, die lange Zeit eine Stadt in der Nähe des Einsamen Bergs regiert hatte, bis Smaug sie bis auf den Grund niederbrannte. Nach der Zerstörung seiner Heimat zog er nach Seestadt (auch Esgaroth genannt) und wurde dort Hauptmann der Bogenschützen. Noch bevor er selbst auftritt, wird er bereits von den Bewohnern Seestadts und dem Erzähler beschrieben. So wird er dem Leser zunächst als zynischer Mann „mit der knarrenden Stimme" präsentiert (S. 334), der nur düstere Vorahnungen hat. Er ist allerdings der Einzige, der den bevorstehenden Angriff des Drachen erwartet. So trifft er gerade noch rechtzeitig alle nötigen Vorkehrungen zur Verteidigung der Stadt und bleibt als einer von wenigen zurück, um sich der Bedrohung zu stellen. Durch sein Wissen um die Schwachstelle in Smaugs Panzerung gelingt es ihm, den Drachen zu erlegen. Als Anführer der

Bewohner von Seestadt fordert er Thorin nach dem Kampf auf, seinen Schatz als Entschädigung mit ihnen zu teilen, und versucht, ihn auf eine friedliche Art zur Vernunft zu bringen, indem er nicht nur als Sprecher der Menschen, sondern auch der Elben vor ihn tritt. (Die Waldelben sind Bard Hilferuf nach der Zerstörung der Stadt gefolgt und versorgen die Überlebenden).

Durch sein zunächst misstrauisches Auftreten, seine edle Herkunft, seine Vorahnungen, seinen Mut und seine Fähigkeit, mehrere Völker hinter sich zu vereinen, erinnert er stark an Aragorn, einen der Hauptcharaktere aus *Der Herr der Ringe*.

INTERPRETATION

HANDLUNGS- UND FIGURENKONSTELLATION

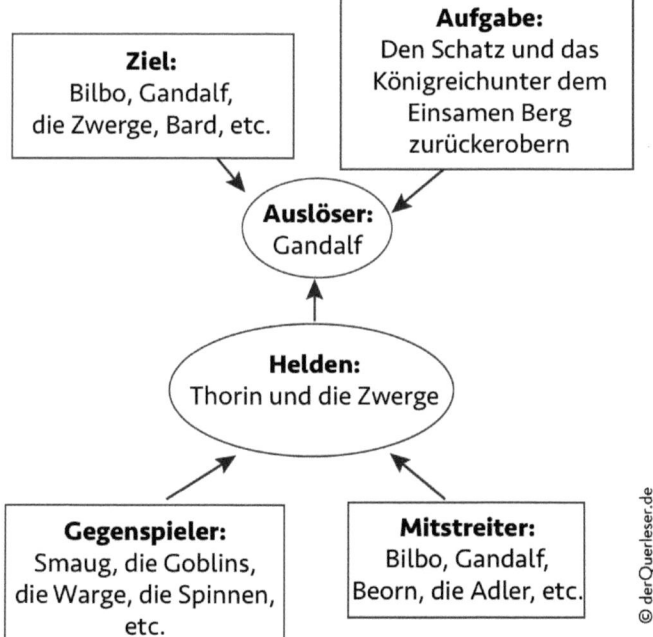

ERZÄHLSCHEMA

Exposition: Am Anfang werden die Hauptfiguren und die Grundelemente der Geschichte dargestellt. Dies geschieht in einer stabilen Phase, in der eine gewisse Routine vermittelt wird.

- Der Hobbit Bilbo Beutlin führt ein friedliches und geruhsames Leben im Auenland.

Erregendes Moment: Dies ist das Moment, in dem etwas passiert, was die vorherige Routine unterbricht. Es ist der eigentliche Auslöser der Geschichte, ohne den nichts passieren würde.

- Der Zauberer Gandalf schickt ihn als Meisterdieb mit dreizehn Zwergen auf ein gefährliches Abenteuer.

Peripetien: Hierbei handelt es sich um die Ereignisse, die durch das erregende Moment ausgelöst werden, und die Maßnahmen, die die Protagonisten zur Lösung des Problems ergreifen.

- Die Gefährten werden zunächst von Trollen gefangen, dann von Goblins, doch Gandalf rettet sie aus beiden Situationen. Auf der

Flucht vor den Goblins stürzt Bilbo, findet den magischen Ring und schlägt Gollum in einem Rätselspiel. Nach der Rettung durch die Adler suchen Thorin und seine Gefolgschaft Schutz bei Beorn dem Bärenmenschen, bevor sie zum Düsterwald aufbrechen, wo der Zauberer sie verlässt. Nur mit Bilbos Hilfe gelingt den Zwergen die Flucht vor dem Angriff der Spinnen und aus der Gefangenschaft der Waldelben. Versteckt in Weinfässern gelangen sie nach Seestadt und legen von dort aus das letzte Stück der Reise zum Einsamen Berg zurück und verschaffen sich durch die Geheimtür Zutritt. Bilbo wird als Kundschafter vorgeschickt und stiehlt, kurz bevor er dem Drachen begegnet, einen goldenen Kelch und den Arkenstein. Smaug bemerkt den Diebstahl, rächt sich an den Bewohnern von Seestadt und wird von Bard getötet. Bard fordert eine Entschädigung von Thorin ein, wird jedoch abgewiesen. Bilbo übergibt ihm den Arkenstein und versucht damit vergeblich, die Situation zu beruhigen. Thorin hält ihn für einen Verräter und jagt ihn davon. Die Ankunft von Dain und seinen Zwergen spitzt die Lage weiter zu, doch Gandalf erscheint und warnt sie vor dem Vormarsch der Goblins und Warge. Sie verbünden sich und es folgt die Schlacht der Fünf Armeen, während der Thorin ums Leben kommt.

Dénouement: Alle Peripetien werden gelöst und eine neue stabile Phase der Geschichte kündigt sich an.

- Thorin stirbt zwar, doch die Schlacht wird gewonnen und alle Beteiligten werden für ihre Hilfe entlohnt.

Endsituation: Hier endet die Geschichte. Es kommen keine neuen Peripetien mehr hinzu und die Geschichte kehrt zur anfänglichen Stabilität zurück, allerdings mit einigen Veränderungen.

- Schließlich kehrt Bilbo ins Auenland zurück und nimmt sein friedliches Leben wieder auf.

EIN MÄRCHEN

Der kleine Hobbit ist eine Geschichte, die ursprünglich für ein junges Publikum gedacht war. Um dieses Ziel zu erreichen, hat Tolkien verschiedene Elemente in die Handlung integriert, die das Werk zu einem wahren Märchen machen. Das zeigt sich an folgenden Merkmalen:

- Das Eintreten von surrealen oder märchenhaften Ereignissen;
- Die Absicht, das Publikum zu unterhalten, dabei jedoch auch moralische Werte zu vermitteln;
- Die mündliche Überlieferung der Geschichte, bevor sie niedergeschrieben wird.

Jeder dieser Punkte findet sich in der Geschichte wieder:

- Der Roman ist voller übernatürlicher Erscheinungen und Ereignisse, die keine rationale Erklärung haben. Dazu zählen düstere Gestalten (Trolle, Goblins und Gollum), Figuren mit besonderen Fähigkeiten (Gandalfs magische Kräfte, Beorns Gestaltwandlung), magische Objekte (Der Ring, der seinen Träger unsichtbar macht, der Arkenstein, etc.) und surreale Phänomene (der Kampf der Steinriesen).
- Das gesamte Abenteuer wird in einem leichten und humoristischen Stil erzählt, um dem Publikum beim Lesen Freude zu bereiten. Aus diesem Grund baut der Autor in allen Teilen

der Geschichte humorvolle Passagen ein, vor allem Übertreibungen (das üppige Frühstück bei Beorn), Neckereien (die Zwerge, die Bilbos schönes Geschirr zu zerbrechen drohen) oder Überraschungen (der unerwartete Angriff einer Riesenspinne auf Bilbo, als dieser in Gedanken an Zuhause versunken ist). Zu Beginn lässt er diese komischen Momente auch in die angespanntesten Situationen einfließen, doch im Laufe der Handlung wird Tolkiens Erzählstil an den entscheidenden Stellen (die Schlacht der Fünf Heere, Thorins Tod) zunehmend dramatischer, um zu zeigen, dass hinter der harmlosen Erzählung eine harte Realität steckt. Mit diesem Ansatz verstärkt der Autor einmal mehr die Wirkung der Moral, dass der Schein trügen kann. So verändert sich beispielsweise das Bild, das der Leser zu Beginn von den Hauptcharakteren (wie Bilbo, Thorin und Gandalf) hat.

- Auch wenn es nicht unwahrscheinlich ist, dass die Geschichte zuerst mündlich übertragen wurde, spiegelt sich diese orale Form doch viel mehr im Stil des Werkes selbst wieder. Tatsächlich greift der Erzähler selbst wiederholt in der ersten Person Singular in die

Geschichte ein und scheint sich so direkt an sein junges Publikum zu richten. Er kommentiert die Handlungen der Charaktere, weist den Leser auf das hin, was er aus bestimmten Ereignissen schließen kann, schreibt den Figuren bestimmte Charaktermerkmale zu und betont diese bei jeder Gelegenheit. Dazu kommen schließlich noch die lautmalerischen Ausdrücke, mit denen er wichtige Geräusche hervorhebt: „Runter fiel er, platsch! ins kalte Wasser" (S. 255).

DIE REISE

Die Thematik der Reise wird in *Der kleine Hobbit* auf zwei Ebenen behandelt. Zunächst ist da die allgegenwärtige und offensichtliche Reise Bilbos und der Zwerge, auf die Tolkien den Leser mitnimmt und die durch die langen und detaillierten Beschreibungen der neuen Orte und neuen Figuren hervorgehoben wird. Damit steht jedes Kapitel für eine weitere Etappe der Reise. Eine wahre Besonderheit des Buches sind hier die als Paratexte (Elemente, die den Haupttext ergänzen oder begleiten) eingebundenen, handgezeichneten Karten Tolkiens, die dem Leser die

Möglichkeit bieten, sich die Reise der Gefährten noch genauer vorstellen zu können.

Doch die Reise erfolgt auch im symbolischen und psychologischen Sinne, wie an der Entwicklung der Hauptfigur Bilbo zu sehen ist. Der kleine, heimatliebende Hobbit wird in ein Abenteuer verstickt, mit dem er selbst nichts zu tun hat und über das er sich mehrmals beschwert. „Ich wollte, ich säße in meiner warmen Höhle am Herd und der Teekessel finge zu pfeifen an!" (S. 70). Dieser Satz, der durch den Kommentar des Erzählers („Es sollte nicht das letzte Mal sein, dass er sich das wünschte", ebd.) noch betont wird, wird zu einem Leitmotiv und wichtigen humoristischen Element der Geschichte. Doch der Hobbit, der von den Zwergen anfangs kaum mehr als ertragen wird, macht eine deutliche Veränderung durch, nachdem er seinen ersten Diebstahl begangen und Gollum den Ring abgenommen hat. Mit Hilfe dieses kostbaren Schmuckstücks entwickelt er ein tiefes Selbstbewusstsein und befreit seine Gefährten mehrmals aus misslichen Situationen, was sie ihm mit blindem Vertrauen danken. Doch Bilbo ist nicht der einzige Protagonist, der sich im Lauf der Handlung verändert. Bard macht ebenfalls eine ähnliche Entwicklung durch. Obwohl die Einwohner Seestadts ihn zunächst nicht sonderlich zu schätzen wissen, erweist er sich während Smaugs Angriff seiner edlen Abstammung würdig, verteidigt die Stadt und tötet den Drachen. Nach dieser Heldentat wird er von eben den Seestädtern bejubelt, die seinen Pessimismus zuvor noch belächelt haben. „,König Bard, König Bard', brüllten die Leute" (S. 338). Ebenso wie Gandalf den Zwergen bereits zu Beginn ankündigt, in Bilbo „steckt mehr, als ihr erraten könnt, und sogar noch einiges mehr, als er selbst ahnt" (S. 56) werden sie vor dem gewarnt, „der den Drachen getötet hat: Bard von Thal [...], ein grimmiger, aber gerechter Mann" (S. 347).

DER MYTHOLOGISCHE EINFLUSS

Mit *Das Silmarillion*, *Der kleine Hobbit* und *Der Herr der Ringe* hat Tolkien ein Universum geschaffen, das nicht nur seine eigene Mythologie, sondern auch eigene Sprachen beinhaltet. Trotzdem lassen sich besonders in *Der kleine Hobbit* versteckte Verbindungen zu anderen Mythologien finden. Mit dem Rätselspiel zwischen Bilbo und

Gollum erinnert das düstere Geschöpf nicht nur an die Sphinx der griechischen Mythologie, sondern hat auch Ähnlichkeit mit der Figur des Grendel aus der angelsächsischen Beowulf-Legende (5.-8. Jahrhundert), mit der Tolkien sich lange befasst hat. Grendel und Gollum teilen (wie auch Bilbo und Beowulf) nicht nur ihre Anfangsbuchstaben miteinander, sondern leben auch beide in einer düsteren Höhle. Auch der Drache, der einen unterirdisch verborgenen Schatz bewacht, taucht in dem Gedicht über Beowulf auf. Wie Smaug beschließt dieser, sich, nachdem er bestohlen worden war, mit Feuer und Flammen zu rächen. Darüber hinaus erhalten die Schwerter der beiden Helden Beowulf und Bilbo jeweils einen Namen: Hrunting und Stich. Auch der Erzählstil der beiden Werke weist Gemeinsamkeiten auf, denn in beiden Geschichten ist der Erzähler in der ersten Person Singular vertreten und greift in die Geschichte ein.

All diese Elemente machen den Roman zu einem sagenhaften Werk, das den Leser schon nach kurzer Zeit in das faszinierende Universum der Geschichte eintauchen lässt. *Der kleine Hobbit* wurde sowohl in ritannien als auch in den USA begeistert aufgenommen. Mit der dreiteiligen Verfilmung (2012) der Geschichte von Regisseur Peter Jackson wurde aus dem anfänglichen Kindermärchen ein Stück moderner Kultur.

ZUM NACHDENKEN

FRAGEN ZUR VERTIEFUNG

- Untersuche die Lieder der Zwerge, Elfen und Menschen. Welche Unterschiede lassen sich erkennen?
- Wie wird die Zeit in dem Roman dargestellt?
- Welche Absicht steckt Deiner Meinung nach hinter der Personifizierung bestimmter Gegenstände?
- Inwiefern bestätigt das Werk den bekannten Leitspruch „Gemeinsam sind wir stark"?
- Mit welchen Elementen bringt Tolkien humorvolle Passagen in den Roman ein?
- Kennst Du andere Werke, in denen der Erzähler direkten Bezug zur Handlung nimmt? Welchen Effekt hat das auf den Leser?
- Welche Elemente aus Der kleine Hobbit leiten bereits die Handlung aus *Der Herr der Ringe* ein?
- Nimm Stellung zum folgenden Zitat von C. S. Lewis (Autor der Chroniken von Narnia):

The Hobbit, on the other hand, will be funnier to its youngest readers, and only years later, at a tenth or a twentieth reading, will they begin to realise what deft scholarship and profound reflection have gone to make everything in it so ripe, so friendly, and in its own way so true. Prediction is dangerous: but The Hobbit may well prove a classic. (*Times Literary Supplement*, 1937)

- Warum genießen die Genres „Fantasy" und „Science-Fiction" Deiner Meinung nach bei den Jugendlichen eine dermaßen große Beliebtheit?

Deine Meinung ist uns wichtig!
Hinterlasse doch einen Kommentar auf der Seite
unser Online-Buchhandlung
und teile Deine Favoriten in den sozialen
Netzwerken!

DARÜBER HINAUS

HERANGEZOGENE AUSGABE

- Tolkien, J. R. R.: *Der kleine Hobbit*, Klett-Cotta, Stuttgart, 2012

SEKUNDÄRLITERATUR

- Rateliff, John D.: *The History of the Hobbit – Mr. Baggins*, Harper-Collins, London, 2007 (Englisch)
- Rateliff, John D.: *The History of the Hobbit – Return of Bag-End*, Harper-Collins, London, 2007 (Englisch)

VERFILMUNG

- *Der Hobbit – eine unerwartete Reise*, von Peter Jackson, mit Ian McKellen, Martin Freeman, Andy Serkis und Richard Armitage, USA/ Neuseeland, 2012 Hierbei handelt es sich um den ersten Teil der Trilogie. Der zweite Teil *Smaugs Einöde* erschien 2013 und der dritte *Die Schlacht der Fünf Heere* 2014.

derQuerleser.de
Literatur auf den Punkt gebracht!

www.derquerleser.de

ISBN digitale Ausgabe: 9782808007405

ISBN gedruckte Ausgabe: 9782808007412

Pflichtexemplar: D/2017/12603/947

Cover: © Plurilingua

Logo: © Graphicrepublic (Freepik.com) und Plurilingua

In Zusammenarbeit mit Céline Ramain für die Personenanalysen von Gollum und Bard sowie die Kapitel „Die Reise" und „Der mythologische Einfluss".

Digitale Aufbereitung: Primento, der digitale Partner der Herausgeber